RÉFLEXIONS

SUR

LES PROTESTATIONS

DU PAPE PIE VII,

RELATIVES A AVIGNON

ET AU COMTAT VENAISSIN;

Par M. MOUREAU (DE VAUCLUSE), Avocat.

PARIS;

Chez L'HUILLIER, Libraire-Éditeur, rue Serpente, n° 16.

1818.

DE L'IMPRIMERIE DE Mme Ve H. PERRONNEAU,
quai des Augustins, n° 39.

RÉFLEXIONS

LES PROTESTATIONS

DU PAPE PIE VII,

RELATIVES A AVIGNON

ET AU COMTAT VENAISSIN.

———

JE n'entre pas dans la lice pour élever ma voix ou essayer mes forces contre le concordat de 1817 : des citoyens recommandables par leurs vertus, leur érudition, leur patriotisme et leur génie s'y sont présentés et l'occupent.

Les libertés de l'Église gallicane qui se lient et se confondent avec nos libertés politiques, ne périront pas, et l'époque actuelle ne verra pas s'anéantir un des plus beaux monumens du siècle des BOSSUET et de LOUIS XIV.

La France ne rétrogradera pas au seizième siècle, soit que le concordat de Léon X ressuscite, ou qu'il demeure enseveli dans la poussière du Vatican, parce que les lois ne sont rien sans les mœurs ; mais je dois et veux examiner si un petit état, enclavé dans la France, et qui se perd dans sa vaste enceinte, qui fut jadis démembré des comtés de Toulouse et de Provence, doit essuyer une impulsion rétrograde qui le reporterait, en effet, non au seizième siècle, mais au quatorzième, si les protestations que le Souverain Pontife fait dans sa bulle sur la circonscription nouvelle des diocèses de France, relativement à *Avignon* et au *Comtat*, sont fondées en droit ; si les protestations qu'il peut avoir plu au Pape de faire dans ses consistoires doivent l'emporter sur celles de nos parlemens ; si la bulle *in cenâ Domini* doit prévaloir sur les décrets de tous nos états-généraux ; si enfin le patrimoine de *Saint Louis* doit être, en partie, absorbé par celui de *Saint Pierre*.

La bulle du Saint Père, publiée par tous nos journaux, est terminée par le paragraphe suivant : « En décrétant cette nouvelle circonscrip-
« tion, qui comprend aussi le duché d'Avignon
« et le Comtat Venaissin, nous ne prétendons
« porter aucun préjudice AUX DROITS INCONTES-
« TABLES du saint Siége sur ces pays, comme
« nous l'avons protesté, et entre autres dans le
« congrès de Vienne et dans le consistoire que
« nous avons tenu le 4 septembre 1815, et nous

(5)

« nous promettons du Roi Très-Chrétien , ou
« qu'il restituera ces pays au *patrimoine du*
« *Prince des Apôtres* , ou du moins qu'il nous
« en donnera une juste compensation. »

La cour de Rome , ainsi qu'elle le prétend,
a-t-elle des *droits incontestables* sur le duché
d'Avignon et le Comtat ?

La réponse à cette question sera la conséquence naturelle des faits positifs que nous allons
rapporter.

Avignon, sous la domination de la république
romaine et de ses empereurs, était une ville
municipale. Dans la décadence de cet empire
elle conserva sa liberté ; elle en jouissait sous
Louis VIII. Alliée fidèle du comte de Toulouse,
elle soutint, dans les intérêts de ce prince , un
siége long et sanglant. La trahison l'ayant livrée
au pouvoir des croisés, à la tête desquels se
trouvait le roi de France, sa mort, survenue dans
ces entrefaites, la sauva d'une ruine entière.

Elle continua de former une république sous
la protection idéale de l'empire : elle était gou-
vernée, tantôt par des consuls choisis parmi ses
citoyens, tantôt par un *podestat* que le peuple
avignonais prenait ordinairement parmi les sei-
gneurs les plus instruits et les plus braves , soit
dans ses murs , soit dans son voisinage. *Barral*

des Baux, tige de l'illustre maison d'Orange qui règne aujourd'hui sur la Hollande et la Belgique, y occupa cette espèce de dictature en 1250, et fut le dernier de ses *podestats*.

Le successeur de ce comte de Toulouse, pour lequel les Avignonais avaient si vaillamment combattu, si noblement souffert, vingt-cinq ans auparavant, toutes les fatigues d'un long siége, toutes les horreurs qui se commettent dans une ville dont la trahison livre les portes, se ligua avec le comte de Provence contre cette même cité, et elle fut forcée, en 1251, de les reconnaître pour ses souverains.

Mais, et il ne faut point perdre de vue ce qui se passa dans cette circonstance, si les citoyens d'Avignon se dépouillèrent de leur souveraineté en faveur de ces deux princes ; s'ils déposèrent dans leurs mains la souveraineté de la république, *merum et mixtum imperium*, ce fut à des conditions qui furent acceptées par eux, et dont ils JURÈRENT, POUR EUX ET LEURS SUCCESSEURS, la stricte exécution.

Ces princes s'obligèrent à respecter les anciennes coutumes de la ville. Or, à cette époque, à l'instar de ce qui se pratiquait jadis à Rome, le peuple avignonais prononçait sans appel, en assemblée générale, sur les grands objets politiques et sur les crimes capitaux de ses citoyens. Les comtes de Provence et de Toulouse promirent, par serment, de maintenir ce peuple dans la jouissance de ce droit : *à condemnationibus verò secundùm morem civitatis faciendis ex officio* IN PUBLICO PARLAMENTO, *non licebit alicui appellare.*

Ainsi la souveraineté honorifique passait, du peuple, aux comtes de Toulouse et de Provence, et la souveraineté active demeurait au peuple ; car la distribution de la justice est un des premiers caractères de la souveraineté.

Cependant ces princes voulurent avoir à Avignon un *vicarius* ou viguier, et lui attribuer une juridiction. Jusqu'où, sur quelle espèce de délits s'étendait-elle ? c'est ce que la transaction intervenue à Beaucaire, le 9 mai 1251, entre ces souverains et le peuple avignonais, ne nous apprend point ; mais ce qu'elle établit, c'est que ce représentant des princes devait être étranger, afin qu'il ne fût pas dirigé par l'esprit de parti, ou des diverses factions qui avaient agité cette ville ; c'est qu'il devait être assisté de deux assesseurs, étrangers comme lui ; que ces magistrats devaient être renouvelés tous les ans ; qu'ils devaient faire serment, en présence du peuple assemblé, de rendre la justice dans la partie qui

leur était dévolue, sans acception des personnes ;
de ne recevoir aucun présent ; de n'écouter ni
l'amitié, ni la haine, ni la faveur, ni la crainte ;
d'être insensibles aux recommandations et à
l'*argent* ; de maintenir enfin les libertés, les
immunités, les priviléges réservés par l'acte
de 1251, au peuple d'Avignon et de son territoire : *institutus autem vicarius jurabit in pu-*
blico parlamento de civitate Avenionis et ejus
territorio ; libertates, immunitates, privilegia
in hoc instrumento contenta, civibus integra et
illibata servare ; sine personarum acceptione,
secundùm leges et bonas consuetudines civitatis,
jus reddere tam civibus quàm extraneis, et ab
omni munere manus excutere, amore et odio,
prece et pretio, gratiá et timore, post positis.

Certes, quand on réfléchit sur la rédaction de
cet article, on doit être honteux d'attribuer à
nos ancêtres aussi peu de lumières que nous leur
en supposons tous les jours dans notre orgueil
moderne. Cet acte honore à la fois le siècle où
il fut fait, les princes qui y souscrivirent, quoique
à la tête d'une armée à laquelle les Avignonais ne
pouvaient résister, et le peuple qui cédait d'une
manière aussi sage et aussi noble.

Le peuple ne mit pas la liberté de ses citoyens
à la merci de ce viguier de ses nouveaux princes :

il savait que les délégués des souverains peuvent, parfois, ne pas se faire un scrupule de violer leurs sermens ; aussi fut-il statué, dans cet acte de 1251, que si le viguier, ou un de ses assesseurs, condamnait un citoyen à une peine pour n'avoir pas déféré à ses ordres, et que ce citoyen réclamât contre cette peine, l'ordonnance du délégué des princes ne serait exécutée qu'autant que les juges de la ville, nommés par le peuple, auraient reconnu qu'elle devait être exigée ; *non poterit exigi dicta pœna nisi quatenus judex civitatis eam fore, cognoverit, exigendam.*

Ainsi, on avait droit d'appeler, devant le juge nommé par le peuple, de la sentence portée par le représentant des princes ! Nouvel hommage rendu, par les souverains honoraires, à la souveraineté effective du peuple avignonais.

Les comtes de Provence et de Toulouse promirent encore, sous la foi du serment, de ne jamais mettre des impositions, ni personnelles, ni foncières, ni indirectes ; de ne jamais faire des réquisitions forcées à Avignon : car je crois que je ne puis expliquer que de cette manière ces mots latinisés : *et omni adempto forsato.*

Toutes les causes tant civiles que criminelles devaient être plaidées et terminées à Avignon :

omnes causæ tam criminales quàm civiles venti-
lari debent et legitimè terminari in ipsá civitate.

Excepté pour l'homicide ou pour quelque crime énorme, nos princes ou leurs représentans ne pouvaient faire arrêter un citoyen qui offrait de donner caution ; DOMINI , *vel eorum locum te-*
nentes , nullum civem capere poterunt , suffi-
cienter satisdare paratum nisi occasione homi-
cidii vel alterius enormis criminis propter quod
de jure non sit fide jussoribus committendus.
Dans la quinzième année du dix - neuvième siècle on ne fut pas si prévoyant ! (1)

Le peuple avignonais pouvait avoir des alliés et les assister à la guerre , pourvu qu'elle n'eût pas lieu contre les comtes de Provence ou de Tou-louse. Il pouvait enfin avoir des ambassadeurs auprès de ces princes qui étaient obligés de pourvoir à leur dépense et à leur entretien.

Tels étaient les DROITS INCONTESTABLES , entre beaucoup d'autres , dont le peuple avignonais devait jouir, d'après la convention intervenue,

____

(1) Dans la séance du 16 février 1815, à la chambre des députés en France, on a mal interprété l'art. 114 du Code d'instruction criminelle, puisqu'il est *facultatif* au tribunal d'accorder ou de refuser la mise provisoire en liberté, moyennant caution. Il en est de même de l'art. 463 du Code pénal.

le 9 mai 1251, entre ces princes et ses députés ; d'après cette convention qui fit passer la souveraineté d'Avignon aux comtes de Provence, qui la transmirent au saint Siége.

On assure qu'en 1290, Philippe-le-Bel, roi de France, héritier des comtes de Toulouse, fit donation à son frère Charles d'Anjou, comte de Provence, de la moitié de sa souveraineté sur Avignon. Quoi qu'il en soit, tant qu'Avignon resta sous la domination des comtes de Provence, ses citoyens furent heureux et tranquilles, parce que leurs droits furent respectés.

En 1348, une jeune princesse, reine de Naples et comtesse de Provence, si célèbre dans notre histoire par ses faiblesses et ses malheurs, fut accusée d'un crime atroce, dont il me répugne de la croire coupable. Le Pape siégeait alors à Avignon, dont elle était *duchesse*, puisque *duché* il y a. Or, le Pape évoqua la connaissance de cette accusation. Si la princesse était reconnue innocente du meurtre de son époux, elle devait être souveraine de Naples ; dans le cas contraire, elle devait perdre ce royaume.

Ainsi que je le désirais, la reine *Jeanne* fut absoute ; elle épousa son amant, le prince de Tarente ; mais Avignon resta, comme on dit communément, *à la bataille*. Il lui fallait de l'argent pour aller prendre possession de son royaume de Naples , disent les partisans de la cour de Rome , et elle vendit Avignon au Pape pour la somme de 80,000 florins.

Les Provençaux , parmi lesquels figuraient alors les Avignonais, appelèrent cet acte de vente, *funeste et malheureux.*

Le Pape , à qui la reine *Jeanne* n'avait certainement pu transmettre d'autres droits que ceux qu'elle avait d'après l'acte de 1251 , refusa pendant sept ans de prêter le serment auquel il était soumis par cette convention ; pendant sept ans les Avignonais refusèrent de le reconnaître pour leur souverain. La cour de Rome céda enfin , et le Pape jura de maintenir aux Avignonais la jouissance des droits qui leur étaient assurés par leur grande charte de 1251 ; ceux-ci, ALORS, lui prêtèrent serment de fidélité.

Il est avec le ciel des accommodemens : qui , mieux que son premier ministre sur la terre , pouvait expliquer ce que c'est que la foi due à des sermens ? Les droits du peuple avignonais , que le Pape avait juré de respecter , furent bientôt méconnus, oubliés , anéantis , au point que son *légat* , qui d'abord n'était que le *vicarius* des comtes de Provence et de Toulouse , qui ne pouvait faire arrêter un simple citoyen qui of-

frait de donner caution , de la sentence duquel
on pouvait appeler au juge de la ville , s'arrogea
le droit de faire donner l'estrapade , de sa seule
autorité , sans jugement préalable , à qui bon
lui semblait. L'estrapade était un supplice italien , à la fois très-afflictif et infamant.

Un de ces légats réunit , il y a environ deux
cents ans , beaucoup de nobles Avignonais dont
il croyait avoir à se plaindre , dans une salle,
comme pour assister à une fête de réconcilia-
tion ; et, quand ils furent à table , il les fit sauter
par l'explosion d'un baril de poudre et se sauva.
On voit encore au palais d'Avignon les restes
de cette salle qui depuis n'a pas été réparée. La
cour de Rome ne le fit pas punir ! Il y a à peine
quatre - vingts ans qu'un de ces légats eut la
vitre de son carrosse cassée par une pierre qu'un
jeune homme de la ville , qui se battait avec un
autre , lançait à son adversaire au moment où
sa voiture contournait une rue. Il le fit saisir ,
lui fit donner sur-le-champ sept traits de corde
du supplice de l'*estrapade* , et ce malheureux
expira au septième *hissement.*

La mission des légats durait trois ou six ans,
au gré du Pape. Ils s'étaient arrogé le droit d'aller faire une tournée à leur arrivée dans les com-
munes du territoire d'Avignon et du Comtat ,

et d'exiger de chacune d'elles une somme pour leur *joyeux avénement* ; mais je dois avouer qu'ils n'en abusaient pas.

Le nombre des juridictions fut multiplié, pour ainsi dire, à l'infini. Outre les juges de la ville que nous nommions juges de Saint-Pierre, parce que leur tribunal siégeait près de l'église de ce nom, et qui était le seul tribunal qui existait à Avignon en 1250, nous avions encore le tribunal du Viguier qui n'avait plus que quelques attributions d'une partie de la police et qui devait son origine à la transaction de 1251. Le Pape établit à Avignon un *auditeur général* qui avait exactement la même juridiction que nos juges de Saint-Pierre. Cet auditeur général était un prêtre italien.

Il y établit un *vice-gérent* qui était également italien et prêtre ; il connaissait des procès que les moines pouvaient avoir, et des contestations sur le mérite des actes authentiques ; on appelait ces dernières affaires, *causes de soumissions.*

A l'instar de ce qui existait à Rome, le Pape établit encore à Avignon le tribunal de la Rote : ce tribunal connaissait des appels que le légat ou vice légat lui renvoyait.

Il avait créé un tribunal de l'Official, présidé par un grand vicaire de l'archevêque : c'est de ce

(15)

tribunal que ressortaient les causes de *stupre* ;
ainsi c'étaient des prêtres qui devaient connaître
des attentats à la pudeur, à la virginité des filles,
et qui étaient les juges du *congrès*.

Nous devions encore à la cour de Rome un
tribunal du Saint-Office : il était, comme on sait,
composé de moines.

Nous avions une cour criminelle, composée
de cinq juges, dont le légat était le président :
sauf l'exécrable question qu'elle avait le droit de
faire subir à un accusé, sa manière de procéder
méritait les éloges des criminalistes.

Nous avions un tribunal de Commerce, depuis
notre réunion à la France en 1768.

Le prémicier de l'université exerçait une juridiction sur les membres des quatre facultés et
sur les étudians.

Le vice-légat avait un *auditeur domestique*
qui avait aussi certaines attributions.

Nous avions un tribunal d'une partie de la
police dévolue aux consuls.

Enfin, le légat lui-même jugeait tantôt en
première instance, tantôt en appel ; et, malgré
tous ces tribunaux de première instance et d'appel, on pouvait encore appeler en cour de Rome ;
ou, pour qu'une sentence de la rote romaine fût
définitive, il fallait obtenir en outre deux autres

sentences de la même rote romaine qui fussent conformes à la première.

Certes, quand on comparera cet état de choses à celui qui avait été fixé par la charte de 1251, on reconnaîtra qu'il n'en restait plus de vestiges.

Cette convention statuait que les usages anciens et *bonnes coutumes* de la ville seraient maintenus. Le Pape avait juré de les respecter.

Or, le peuple avignonais avait le droit ou était dans l'usage de nommer le juge de la ville. Il était choisi parmi les avocats. Ses fonctions duraient un an. Quand le terme de sa magistrature était expiré, il était obligé de se présenter pendant trois jours, depuis le lever du soleil jusqu'au coucher, *sous un ormeau* qui se trouvait au milieu de la place de Saint-Pierre, et là chaque citoyen avait le droit de l'accuser s'il avait prévariqué dans ses fonctions. Le peuple assemblé prononçait sur le mérite de l'accusation. Qu'elle était belle cette institution ! que d'injustices de moins, si ceux qui les commettent savaient qu'ils pourraient un jour en rendre compte ! L'ex-juge ne pouvait reprendre l'exercice de sa profession s'il ne rapportait, au collége des avocats, une attestation du greffier de la cour qui constatât qu'il avait resté trois jours *sub ulmo*, et qu'il n'était intervenu aucune plainte contre lui.

L'usage du certificat avait encore lieu en 1789, mais depuis bien des années il n'y avait plus d'ormeau sur la place.

Le Pape avait usurpé le droit de nommer lui-même les juges de la ville ou de Saint - Pierre ; ils étaient installés par les consuls qui leur apportaient le diplôme de leur nomination, comme s'ils avaient été élus par le conseil municipal.

Par suite de ce qui se pratiquait dans les colonies romaines, il y avait à Avignon un sénat et les assemblées du peuple. Nous avons vu, dans la transaction ou convention intervenue entre les comtes de Provence et de Toulouse d'une part, et le peuple avignonais de l'autre, qu'Avignon devait conserver l'usage où était la ville de prononcer, sur certaines affaires, en assemblée générale ; que chaque année l'envoyé de ces princes devait jurer, en présence de ce peuple assemblé en parlement, le maintien de ses usages et de ses libertés. Ce droit lui avait été ravi par les Papes depuis plusieurs siècles. Nous lisions bien encore sur le frontispice de l'Hôtel-de-Ville, ces mots antiques et pompeux : *Senatus populusque avenionensis ;* mais il y avait long-temps qu'il n'y avait plus ni peuple, ni sénat. Nos consuls marchaient encore précédés par quatre licteurs armés d'une espèce de massue d'argent, mais ils n'étaient plus les élus du peuple, et tout leur pouvoir se bornait à administrer les revenus de la ville, qui s'élevaient à deux cent mille francs par an, et qu'ils avaient fini par grever d'une dette de quatre millions.

Le Pape avait composé le conseil de la ville de tous les nobles, chefs de famille, et d'environ quarante bourgeois des plus riches. Ce conseil était divisé en trois classes ou *mains*. La première *main*, composée des nobles, nommait le premier consul; la seconde *main*, le second consul; et la troisième, le dernier consul. Les trois *mains* réunies nommaient un *assesseur* qui était l'orateur de la ville; il devait être choisi parmi les avocats. Ce conseil aristocratique se complétait de lui-même quand, par le décès de ses membres, il se trouvait réduit à un nombre déterminé. Le peuple avait donc été exclu, par les Papes, de toute participation à ses anciens droits municipaux, et les nouveaux patriciens avaient dévoré impunément le patrimoine de la cité.

L'acte de 1251 était synallagmatique; il était obligatoire pour le Pape comme pour le peuple avignonais. La violation du pacte, la non exécution des conditions n'a-t-elle pas pu, n'a-t-elle pas dû être une cause de rescision?

Dira-t-on que le silence du peuple, sur les

usurpations faites par la cour de Rome, était un acquiescement à ses actes oppresseurs? Mais la volonté du peuple ne résulte que de ses suffrages, et c'est par les suffrages du peuple danois que ses sages rois jouissent d'une puissance illimitée. Les princes pourraient-ils se croire déliés de leurs sermens, parce que leurs victimes n'oseraient crier au parjure? Le souverain des Avignonais était d'ailleurs un être privilégié. Il parlait au nom du ciel; les plus puissans monarques de la terre tremblaient alors à sa voix; il était infaillible; il tenait le glaive d'une main, les *décrétales* de l'autre, et malheur au premier téméraire qui eût osé parler contre sa tyrannie : la mort et l'enfer eussent été son partage inévitable.

Cependant, quand la Provence eut été réunie à la couronne de France, les Avignonais suppor-tèrent impatiemment d'avoir été démembrés de cette province, et, dès cette époque, ils furent français dans le cœur. Ils ne laissèrent échapper aucune occasion d'en donner des preuves, et semblaient par-là vouloir dire, aux dépositaires de cette couronne : Ne souffrez pas qu'un de ses fleurons en reste détaché.

Quand *François I*ᵉʳ vint en personne sur les bords de la Durance pour disputer le passage de cette rivière à l'armée impériale, tous les Avignonais en état de porter les armes se réunirent sous ses drapeaux, et il fut si sensible à leur dévouement, qu'il accorda à leur ville le privilége de ne payer le sel que deux liards la livre.

Sous le règne de Charles IX un Avignonais, le docteur *Parpaille*, assuré de la volonté du plus grand nombre de ses compatriotes, vint à Paris pour solliciter auprès de la cour, afin que la France fît valoir ses droits sur Avignon. Il y fut bien accueilli, fort bien traité; mais la cour de Rome, instruite de ses démarches, vint à bout de le faire arrêter, de se le faire livrer, et le fit traduire dans les prisons d'Avignon. Le procureur de Sa Sainteté l'accusa de *protestantisme*; il fut condamné à avoir la tête tranchée. Catherine de Médicis, d'italienne mémoire, régnait alors en France. Comme cet estimable citoyen jouissait de l'amour du peuple, il fut exécuté dans la cour du fort, *les sarrazines baissées*.

Henri III fut reçu à Avignon comme son souverain légitime; Henri IV, comme un père par des enfans dont il est adoré. Comme tout ce qui concerne ce bon roi, ce grand prince, est reçu avec avidité par sa postérité, je citerai une anecdote sur son passage à Avignon, que je crois peu connue. Nos princes avaient un hôtel dans cette ville, où ils logeaient toujours quand ils y passaient , et cet hôtel était celui des *Crillon*. On sait que *Marie de Médicis* en voulait au *brave des braves*; était-ce pour ne pas déplaire à son épouse que *Henri* dit qu'il ne logerait pas à cet hôtel? je n'en sais rien. Il annonça qu'il descendrait à la première auberge qu'il trouverait en entrant dans la ville. *Crillon*, d'accord avec les consuls, fait enlever toutes les enseignes , et place sur sa porte une fleur de lis avec ces mots : *A la fleur de lis , bon logis.* Le roi entre dans l'hôtel, reconnaît la supercherie, y applaudit et embrasse celui *qu'il aimait à tort et à travers.*

Quand Louis XIII fit son entrée dans cette cité, les consuls lui en présentèrent les clefs avec deux cents médailles en or.

Sous Louis XIV, le peuple avignonais fit de nouveau éclater le plus vif désir de rentrer au sein de sa noble et grande famille. Ce monarque, pour punir la cour de Rome dont il avait à se plaindre, n'avait besoin que d'ordonner à son parlement de Provence de réunir Avignon à sa couronne ; il savait combien il y était aimé, avec quelle pompe et quelle ivresse il y avait été reçu quelque temps auparavant : je ne sais pourquoi il voulut, dans cette circonstance, ne paraître qu'avoir cédé au vœu du peuple avignonais. Il envoya des émissaires pour faire valoir secrètement ses droits ; ils n'eurent pas bien de la peine à opérer promptement une insurrection en sa faveur. Le *viguier* qui portait le drapeau du Pape, à une procession, fut obligé de se soustraire par la fuite à la fureur du peuple : le drapeau de Rome fut mis en lambeaux, et celui du roi fut promené dans les rues aux cris universels de VIVE LA FRANCE ! Louis XIV, instruit que les choses allaient au gré de ses désirs, parut céder aux vœux de ce peuple, et, par arrêt du parlement, Avignon fut réuni à son empire.

Mais quand il eut rendu au saint Siége, après en avoir obtenu les réparations qu'il avait exigées, cette ville infortunée, l'inexorable Vatican ne lui pardonna pas le zèle qu'elle avait montré pour la France ; plus de cent cinquante de ses citoyens furent précipités du pont de *Saint-Benezet* dans le Rhône, attachés dans des sacs ; et l'ingrat Louis XIV laissa commettre ce forfait !

Un siècle après, Louis XV réunit de nouveau cette ville à son comté de Provence. La famille des *Rochechouart* peut attester avec quels transports les armes de France furent arborées sur nos remparts, et qu'elle fut la consternation publique, quand le gouverneur, qui était un lieutenant général de cette noble maison , vint, de la part de son souverain , remettre cette ville au saint Siége.

D'après ces faits qui sont authentiques , il est constant que les Avignonais étaient réellement français au fond de l'ame , et que, puisqu'il ne leur était plus possible de jouir des droits que la convention de 1251 leur avait assurés , la volonté où ils furent toujours de partager le sort de la Provence , à laquelle ils avaient été réunis pendant quatre-vingt-dix-sept ans , était la seule opposition qu'ils pussent manifester à l'anéantissement de leurs priviléges et de leurs libertés.

Dès qu'ils ont pu secouer le joug qu'aucune prescription ne saurait légitimer, sans craindre les échafauds et les noyades, ils l'ont fait. Ils ont élevé la voix contre la violation de leurs droits, dès qu'il leur a été possible de le faire ; leurs réclamations et l'exercice de ce droit, le 5 avril 1790 , jour où le peuple avignonais abolit par une délibération prise *in parlamento publico*, le consulat aristocratique, pour substituer à sa place *un maire et des officiers municipaux*, délibération qui avait été sanctionnée par le légat de Rome *Casoni*, furent traités par le Pape , malgré ou plutôt contre le serment de ses prédécesseurs , d'actes de sédition et de révolte, et il cassa tout ce que son *vicarius* avait fait.

Ainsi, si les protestations de la cour de Rome reposent aujourd'hui sur les droits qu'elle avait acquis de la reine *Jeanne*, elles sont mal fondées, parce que la souveraineté, transmise par les Avignonais aux ancêtres de cette princesse, dépendait du respect, de la maintenue des droits reconnus appartenir au peuple avignonais. Or, ces droits ont tous été anéantis par la cour de Rome, les uns après les autres, et Pie VI lui-même a directement violé le serment prêté par l'un de ses prédécesseurs, et qui devait être obligatoire pour lui comme pour tous les autres Papes qui avaient succédé à Clément VI.

Si ces protestations reposent sur le silence de ce peuple, elles portent à faux ; j'ai démontré que les Avignonais l'avaient rompu toutes les fois qu'ils avaient pu le faire, et il n'est que trop certain que le sang de la plupart d'entre eux a coulé, pour avoir manifesté leur amour pour la France ; et, comme leur réunion à la France, dès long-temps désirée, eût été l'effet d'une délibération du peuple, en exprimant le désir de cette réunion, ne réclamaient-ils pas virtuellement contre l'anéantissement des privi-léges qui leur étaient réservés par la charte de 1251 ? Comment pouvait-elle exister cette charte, pour conserver la souveraineté au Pape, quand le Pape avait violé toutes les conditions auxquelles cette souveraineté lui avait été cédée? Elle ne se perdait pas, par son antiquité, dans la nuit des siècles : puisqu'elle était devenue nulle, pour faire jouir les Avignonais de leurs droits, pouvait-elle être valide pour faire jouir les Papes des leurs ?

Comment avait-il eu lieu ce traité, entre les comtes de Toulouse et de Provence réunis, et les Avignonais? D'une manière fort simple. Ces deux princes avaient chacun une armée, ils marchaient sur Avignon. Le peuple de cette ville leur envoie des ambassadeurs à Beaucaire où ils se trouvaient. Que demandez - vous de nous? disent les Avignonais. — La souveraineté de votre ville, répondent les princes.—Nous vous la céderons, leur disent nos députés ; mais à *telles conditions* que vous jurerez d'observer à perpetuité. Les princes les acceptent ; le sang humain ne coule pas ; pendant un siècle les choses restent en cet état : Rome leur succède, et bientôt tout est anéanti. Et, contre la teneur d'un acte juré par elle, elle oserait soutenir que le silence forcé du peuple a validé toutes ses usurpations !

Le Pape base-t-il ses protestations sur l'acte de vente qui lui fut consenti en 1348, en ce sens : Que la ville d'Avignon et le Comtat sont à lui, parce qu'on lui a vendu cette ville et donné le Venaissin ? Le serviteur des serviteurs de Dieu, le vicaire du fils divin de Marie, qui rendit à l'homme toute la dignité de son être, oserait-il abonder dans une doctrine qui tendrait à assimiler les peuples à de vils troupeaux ? Des hommes, rachetés par le sang de son maître, auraient-ils pu être payés par lui au prix de l'or ? Eh bien, admettons ce système anti - naturel, anti-social, anti-divin, et demandons-lui de produire les actes qui établissent le paiement qu'il dit en avoir fait.

Tous les historiens qui ont écrit sur cette vente et qui ne tenaient point à la cour de Rome ont assuré que les 80,000 florins que le Pape devait en donner, n'avaient jamais été payés par lui. Les écrivains ultramontains, au contraire, ont affirmé que la princesse avait reçu cette somme, et les papistes avignonais qui sont d'avis qu'ils appartiennent au Pape, parce que le Pape les a achetés à leur juste valeur, ont fait imprimer, il y a trois ans, l'acte de vente qui contient la preuve du paiement. On lit en effet dans cet acte, produit par ces messieurs, la phrase sui-

vante : « Nous , dame Reine , venderesse , re-
« connaissons publiquement et en vérité , con-
« fessons légitimement que nous *avons eu et*
« *reçu* pleinement et en entier, pour le prix sus-
« dit , de notre seigneur Pape prénommé , les
« 80,000 florins d'or. » *Quos quidem octoginta*
millia florenos auri, nos, domina Regina, vendi-
trix, recognoscimus publicè et in veritate legi-
timè confitemur nos habuisse et recepisse ple-
nariè et integrè propretio antè dicto à domino
nostro Papá prædicto.

Ainsi , d'après cet acte, les 80,000 florins auraient été payés à cette Reine , non au vu des
témoins instrumentaires , mais avant l'acte qui
contenait la vente ; car *habuisse* et *recepisse* sont
au *plusque-parfait :* or , un paiement de cette
nature fait avant l'acte , à une femme mineure,
veuve , et l'on sait comment , venue exprès à
Avignon pour comparaître au tribunal du Souverain Pontife , laisse de violentes présomptions
contre sa réalité.

Mais si cette quittance des 80,000 florins se
trouvait dans l'acte de vente , pourquoi l'abbé
Maury, défenseur des droits du saint Siége à l'assemblée constituante, ne l'exhiba-t-il pas? Pourquoi , pour répondre aux défenseurs des Avignonais qui prétendaient avec plusieurs histo-

riens, que cette somme n'avait jamais été payée, produisit-il une quittance particulière de cette somme qui, sur ces entrefaites, aurait été trouvée par enchantement dans les archives du village d'Oppède ? La production de cette quittance, avouée par le légat que la cour de Rome avait alors à Paris, est une reconnaissance authentique que celle contenue dans l'acte de vente y avait été ajoutée après coup, et se trouvait apocryphe. Et pourrait-on ajouter foi à une quittance particulière, découverte, comme par miracle, après plus de trois cents ans, dans la poussière du greffe d'un village du Comtat ? Comment la cour de Rome ne l'aurait-elle pas conservée dans ses propres archives ? Comment eût-elle été confiée à une feuille volante ? Comment se serait-elle trouvée dans un mauvais village où les Papes ne vinrent jamais ? La preuve éternelle du paiement d'une souveraineté aurait-elle été tracée sur un simple chiffon de papier ? Veut-on savoir le mot de l'énigme ? le voici. Il y avait à cette époque, aux environs d'Oppède, un personnage très-adroit dans la confection des écritures anciennes ; il était alors attaché à la cause papale, parce qu'il avait une place auprès du vice-légat. Quand cette cause fut perdue, il se jeta dans le parti contraire où il gagna de l'argent dont il manquait, et une triste célébrité ; il changea de parti quand il pensa qu'il n'avait plus rien à y gagner. Voilà le rédacteur de cette fameuse pièce qui disparut plus vite même que son auteur.

Ce qui est constaté dans toutes les histoires de Provence, c'est que la reine de Naples protesta aussi contre les aliénations qu'on lui avait fait faire ; que, dans ces protestations, elle se plaint amèrement des séductions employées pour la tromper dans sa jeunesse. *Entraînée, dit-elle, par le malheur des temps, vaincue par l'importunité,* ABUSÉE PAR DES ASTUCES, *succombant à la fragilité de mon sexe, à la faiblesse de mon âge, je suis contrevenue aux lois les plus sacrées des nations. Je révoque toutes les aliénations dont je me suis rendue coupable depuis la mort de mon aïeul,* A QUELQUE TITRE ET EN FAVEUR DE QUI QUE CE SOIT QU'ELLES AIENT ÉTÉ FAITES.

Ces paroles n'ont pas besoin d'un commentaire.

Cette infortunée princesse, délaissée par son second époux, dégoûtée d'une vie semée de douleur, est déchirée par les regrets d'avoir violé les droits de ses peuples et méconnu les devoirs de la royauté ; et la vérité sort du fond de son ame. Des remords plus violens encore déchiraient-ils son cœur ? Une voix sans cesse renaissante lui criait-elle nuit et jour qu'il était un forfait dont le ministre du ciel n'avait pas le pouvoir de l'absoudre, pour le prix d'une principauté, et que les larmes seules pouvaient lui obtenir, de la miséricorde infinie de son Dieu, ce qu'autrement elle aurait voulu en vain acquérir par la cession du plus beau fleuron de sa couronne ? Alors elle devait pleurer aux pieds des autels et révoquer les vaines aliénations qu'elle avait faites, *abusée par des astuces, quelles que fussent les personnes qui avaient su mettre à profit ses malheurs.*

On sait comment elle finit. Fut-elle assassinée ou punie ?

Mais, soit que les 80,000 florins aient été réellement comptés par le Pape, ou qu'ils ne l'aient pas été, cette princesse n'avait pas le droit de faire une telle aliénation. Avignon, réuni à la Provence, était un domaine inaliénable, d'après un édit solennel du comte de Provence, *Robert*, du 21 décembre 1334, et substitué à la France.

Outre les droits que cette substitution réservait à cette couronne, la cour de Rome ne saurait nier que la France avait hérité des comtes de Toulouse, et que ceux-ci étaient souverains, par indivis, avec les comtes de Provence, du duché d'Avignon et de la totalité du Comtat.

On a vu comment le saint Siége entra en possession de la souveraineté d'Avignon ; voici comment il acquit celle du *Comtat Venaissin* : le comte de Toulouse, à qui il appartenait, fut excommunié comme *Albigeois*. Le Pape organisa une croisade contre ce prince. Il fut convenu entre le roi de France qui marchait à la tête de l'armée *croisée*, et le Saint Père, que la partie des Etats du comte, qui se trouvait sur la rive gauche du Rhône, et qu'on appelait le *marquisat de Provence*, serait mise en DÉPÔT dans les mains du Pape pour y convertir les hérétiques et pour empêcher l'hérésie d'y pénétrer désormais. Le saint Siége devait rendre cette propriété au comte de Toulouse, dès qu'il serait rentré dans le giron de l'église. Il y rentra. Il reçut une pénitence claustrale sur le portail de l'église de St.-Gilles. Des verges sacrées, maniées par le légat de Rome, fustigèrent ses épaules souveraines ; mais le DÉPÔT ne fut pas restitué. Certes si le *patrimoine du Prince des Apôtres* se composait de propriétés acquises de cette manière, il faudrait convenir qu'il ne serait ni assuré, ni honorable pour les détenteurs actuels.

Pour légitimer ce qu'un titre pareil a de vicieux , la cour de Rome et ses partisans nous
annoncent que *Philippe-le-Hardi*, souverain
légitime du Comtat, en sa qualité d'héritier des
comtes de Toulouse , confirma le Pape dans la
possession du Venaissin qui lui avait été assuré
par le traité de 1228 , en vertu duquel le Lan-
guedoc avait passé à la couronne de France.
Mais si c'était en exécution de ce traité que le
Comtat avait été mis en *dépôt* dans les mains
du Pape , la confirmation donnée par ce roi à
la possession ne changeait donc pas la nature
du titre. Ce fut par *Philippe-le-Bel* que ce titre
fut dénaturé ; le prince concéda et garantit au
saint Siége la souveraineté du Comtat, à condition
que le saint Siége serait transféré, et qu'il reste-
rait désormais fixé à Avignon. C'est en exécution de ce traité et pour obtenir la souveraineté
du *Venaissin* que *Clément V* vint siéger à
Avignon. *Grégoire IX* s'en alla à Rome en 1377,
et la souveraineté du Comtat, cédée par le roi
de France à une condition violée par les Papes,
les suivit sur les bords du Tibre.

Si la cour de Rome a violé le pacte intervenu
entre elle et Philippe-le-Bel , sa possession re-
monterait donc au traité de 1228 ; alors la cour
de France a donc eu le droit de reprendre un

dépôt cédé à une condition que la cour de Rome ne veut plus exécuter.

En admettant que la confirmation accordée par Philippe-le-Hardi, en 1274, ait été pour le saint Siége un titre nouveau ; que cette confirmation fût une donation ; en admettant encore qu'en 1290, Philippe-le-Bel eût fait donation à son frère *Charles d'Anjou* qui avait épousé la souveraine de Provence, de la moitié indivise de la souveraineté d'Avignon, les protestations du Pape n'en seraient pas moins oiseuses, puisque la cour de Rome n'a pas pu ignorer que le domaine de la couronne de France était comme celui de Saint - Pierre, inaliénable : que nos rois, quelque vaste que fût leur puissance, n'avaient pas le droit de consentir à des aliénations d'une partie de leur peuple, sans le consentement de ce même peuple, puisque le traité de Madrid entre Charles-Quint et François Ier, dont on a plus parlé depuis deux mois, qu'on ne l'avait fait depuis trois siècles, fut cassé par nos états-généraux.

Les protestations du saint Siége, dénuées jusqu'ici de bases légitimes, s'appuieraient - elles sur la prescription ? Je sais que ses défenseurs officieux ont fait valoir ce moyen comme péremptoire, et le considèrent encore comme *une fin de non-recevoir*, à laquelle il n'est pas possible d'échapper.

Je ne sais si c'est bien sérieusement qu'on ose présenter *des fins de non-recevoir* dans une cause de cette nature; mais que peut la prescription pour assurer une propriété qui est imprescriptible? Faut-il que je développe ici la doctrine des jurisconsultes pour établir que la prescription ne peut être opposée à la couronne de France? que l'aliénation, étant vicieuse et nulle dans son principe, n'a pu être corroborée par le laps de plusieurs siècles? puisque les actes en vertu desquels la cour de Rome a joui du duché d'Avignon et du Comtat ont été mis en évidence, sa jouissance, quelque longue qu'elle ait été, a-t-elle pu en modifier la nature? Le saint Siége a-t-il pu changer la cause de sa possession? (1) et alors qu'il s'élève une contestation entre l'ancien propriétaire et le détenteur actuel, l'événement du procès ne dépend-il pas du titre primitif (2)?

« Cependant, ne m'ont pas dit, mais pour-
« raient bien me dire nos ultramontains des

____

(1) *Nemo potest sibi mutare causam possessionis*; l. 3, dig. 19, ff. *de acq. vel amitt. post.*

(2) *Ad primordium tituli totus refertur eventus.*

« bords de Vaucluse, vingt rois se succèdent sur
« le trône de France, trois siècles s'écoulent,
« et dans ce très-long intervalle aucun de ces
« princes ne réclame contre cette possession ! »

Il faut convenir que si la légitimité ne consis-
tait que dans une jouissance plus ou moins longue et paisible, les Papes devraient être consi-
dérés comme souverains très-légitimes d'Avignon
et du Comtat. Louis XIV est le premier qui,
rappelant les prérogatives de sa couronne, prétend que son domaine n'a pu être aliéné. La
garde du Souverain Pontife avait pu tuer un page
de notre ambassadeur, mais elle était impuissante
contre les baïonnettes du monarque, et le parlement de Provence nous réunit à notre ancienne et grande famille.

Cette momerie se répète sous Louis XIV et se
renouvelle un siècle après sous le règne de son
successeur ; mais la cour de France, sauf des
réserves de style faites par le parlement de Provence, en restituant trois fois à Rome, Avignon
et le Comtat, consacre par trois fois les prétentions de Rome.

L'assemblée constituante elle-même, en re-
connaissant qu'il était dû des indemnités au saint
Siége, n'avoua-t-elle pas, ne proclama-t-elle
pas la légitimité de ses droits sur cette contrée ?

Quand nos rois se turent, quand ils agirent ainsi qu'ils le firent, quand l'assemblée constituante reconnaissait, dans le même décret, que les Papes étaient et n'étaient pas légitimes souverains d'Avignon et du Comtat, ils violaient tous les principes, puisqu'à leurs yeux les droits des peuples n'étaient plus comptés pour rien ; puisque l'aliénation d'une partie de la couronne était sanctionnée ; puisqu'on reconnaissait comme valides des actes essentiellement nuls dans leurs principes et violés ensuite dans toutes les conditions qui y étaient stipulées.

Que les peuples ne soient point faits pour être à la merci des princes, que les rois doivent exécuter fidèlement le pacte en vertu duquel ils règnent, voilà des vérités éternelles, long-temps méconnues, mais aujourd'hui avouées par tous les trônes.

Que la prescription, cette vieille patrone du genre humain, serve de titre et soit le meilleur de tous les titres pour assurer une propriété particulière dans le domaine d'un particulier. Je ne cherche point à combattre ce principe de droit ; mais, comme avocat, je ne puis méconnaître que le domaine de la couronne de France est inaliénable ; que nulle prescription ne peut être acquise contre elle relativement à des biens de cette nature ; qu'il vaudrait mieux ne point avoir de titres que d'en avoir de vicieux ; qu'il n'est pas permis, qu'il n'a jamais été permis de prescrire contre son propre titre ; que quatre mille ans de jouissance d'un bien meuble ou immeuble n'en donneraient pas la propriété à une famille dont le titre primitif ne serait qu'un acte de dépôt ; qu'il n'est pas permis à une des parties qui invoque un acte, pour établir un droit, de scinder cet acte, de vouloir jouir du droit qu'il concède, et de prétendre ensuite avoir prescrit à son avantage les obligations que ce même acte lui impose ; et qu'il serait absurde enfin de comparer la liberté publique à une ouverture pratiquée dans un mur mitoyen.

Les protestations du Pape, basées sur la prescription, manquent donc encore d'un appui vraiment solide.

Sans discuter plus largement sur cet article, d'après le digeste, ou d'après le droit public aujourd'hui en vigueur dans la majorité constitutionnelle de l'Europe, je me borne à demander à la cour de Rome comment elle prétend avoir acquis la souveraineté de ces deux états ? Elle m'exhibe les traités de 1228, dont j'ai déjà parlé, et celui de Pise de 1664, que j'avais laissé dans l'oubli. Mais si les anciens souverains de la

France ont eu le droit de céder au Pape une partie du domaine de leur couronne, le Pape, comme souverain, n'a-t-il pas eu le même droit à son tour? Et si ce droit était en lui, comment le successeur du pape Pie VI pourrait-il regarder comme nul ce qu'a fait, il y a bientôt vingt-un ans, le successeur de Clément V et de Clément VI, *d'heureuse mémoire?* J'ouvre le traité de paix de *Tolentino*, du 19 février 1797, intervenu entre le Pape et la France, et j'y lis l'article 6, ainsi conçu : « LE PAPE RENONCE PUREMENT ET SIMPLEMENT A TOUS LES DROITS QU'IL POURRAIT PRÉTENDRE SUR LES VILLES ET TERRITOIRES D'AVIGNON, LE COMTAT VENAISSIN ET SES DÉPENDANCES, ET TRANSPORTE, CÈDE ET ABANDONNE LESDITS DROITS A LA RÉPUBLIQUE FRANÇAISE. »

L'article 25 de ce traité dont le Saint Père aurait oublié les clauses quand elles sont encore d'une date fort récente, statue : « TOUS LES ARTICLES, CLAUSES ET CONDITIONS DU PRÉSENT TRAITÉ, SANS EXCEPTION, SONT OBLIGATOIRES A PERPÉTUITÉ, TANT POUR SA SAINTETÉ PIE VI QUE POUR SES SUCCESSEURS. »

Après un traité aussi clair, aussi précis, aussi solennel, comment se fait-il que la cour de Rome vienne aujourd'hui élever des prétentions sur Avignon et le Comtat ? comment

vient-elle avancer qu'elle a sur ces deux états
DES DROITS INCONTESTABLES ? Elle se souvient des
actes qui eurent lieu entre elle et nos souverains
il y a quatre siècles, et elle aurait déjà oublié le
traité de Tolentino ? Que de choses faites depuis
par le successeur de Pie VI, en ratification de
ce traité !

La cour de Rome avancera-t-elle que les événemens de 1814 ont anéanti tout ce qui avait été fait
en Europe depuis 1789 ? Il est vrai que, d'après
ces événemens, les limites de la France, par trop
reculées au nord de Bruxelles, au levant du Rhin,
au midi des Alpes, ont été aussi par trop resser-
rées ; mais, relativement à la cour de Rome, cette
assertion ne serait pas exacte, puisque l'art. 3,
paragraphe 13 du traité de Paris, ouvrage des
grandes puissances de l'Europe, aux armes des-
quelles ces événemens sont dus, ASSURE A LA
FRANCE LA POSSESSION DE LA PRINCIPAUTÉ D'AVIGNON
ET DU COMTAT VENAISSIN.

Quand le sort d'Avignon et du Comtat se
trouve irrévocablement fixé par des actes aussi
forts, aussi solennels, sur quoi peuvent donc
reposer les protestations que cette cour a fait
présenter à ce sujet au congrès de Vienne, qu'elle
a reproduites dans un de ses consistoires, en 1815,
et qu'elle renouvelle aujourd'hui dans sa bulle

sur la nouvelle circonscription des diocèses de France ? Est-ce bien sur une promesse qu'aurait faite l'infortuné Louis XVI , de restituer Avignon et le Comtat au saint Siége ? mais où en conste-t-il ? La sanction donnée par ce prince, au décret de réunion , n'est-elle pas une réfutation sans réplique d'un titre imaginaire dont nous entendons parler pour la première fois ?

Et d'ailleurs cette promesse fût-elle authentique, fut-il vrai que cette sanction n'eût été que l'effet de la violence , la cour de Rome peut-elle nier l'existence du traité de Tolentino ? n'a-t-il pas été corroboré par les puissances de l'Europe , le 3o mai 1814 et le 5 novembre 1815 , de douloureuse mémoire ? *posteriora derogant prioribus.* Avignon et le Comtat doivent donc rester à cette France, dans le sein de laquelle ils se trouvent enclavés , et dont ils avaient été démembrés au mépris des droits sacrés du peuple avignonais et de la couronne de France.

Mais, si le Souverain Pontife , qui, en 1814, dut aux grandes puissances de l'Europe sa liberté personnelle , injustement blessée , tyranniquement violée , et la résurrection de sa puissance temporelle, étayait aujourd'hui ses protestations sur le vœu des Comtadins et des Avignonais ; s'il prétendait que la majorité de ces deux peuples ne voulait point de sa réunion à la France en 1791 ; que ces deux peuples désirent aujourd'hui de retourner sous son empire ; qu'on n'a pu méconnaître cette volonté, et qu'ils doivent être écoutés comme l'ont été les *Génevois*, alors, à mes yeux, cette question prendrait une face toute nouvelle.

Il ne m'est pas possible de considérer les hommes comme des brutes viles qu'on promène de marché en marché, et qu'il soit permis de vendre et de revendre : j'ai une plus haute idée de l'espèce humaine, et, toutes les fois qu'un prince en appellera, relativement à ce qu'il nomme ses droits, à la volonté nationale, je consentirai à laisser à l'écart, et les actes anciens, fruits, ou de la superstition, ou d'une volonté surannée, ou de l'astuce, ou de la force, et les actes modernes, effets de la victoire, et je subordonnerai toujours ma volonté particulière à la volonté générale librement manifestée et légalement constatée.

Mais la cour de Rome sera-t-elle alors plus heureuse, ou mieux fondée dans ses protestations? Je vais citer des faits qui établiront le contraire et qui ne laisseront aucun doute sur ce que la réunion, prononcée en 1791, eut l'assentiment de la majorité du peuple avignonais.

A cette époque nous étions Français de cœur et presque de fait. Nous parlions la même langue, nous avions les mêmes mœurs, les mêmes monnaies ; les lis étaient arborés sur plusieurs de nos édifices, puisque le bureau des postes , le grenier à sel , la loterie , les tabacs , les messageries, un des séminaires , etc. , etc. , appartenaient à la France.

Toute notre noblesse , tous nos jeunes gens servaient sous ses drapeaux ; *Mignard* et *Vernet* ne brillèrent pas sur les bords du Tibre , et si le génie se développait dans nos jeunes orateurs chrétiens, à son premier essor il prenait la route opposée à Rome. *Fléchier, Maury , Boulogne,* Avignon ou le Comtat se glorifient de vous avoir donné le jour ; mais ce n'est point à l'Italie que vous dûtes votre juste illustration !

Quels noms viens-je de prononcer?

O Fléchier! que *Pernes* (1) se glorifiera toujours d'avoir vu naître dans son sein, et que *Nîmes* compte avec orgueil comme le plus

____

(1) Petite ville du Comtat agréablement située. La tranquillité y a assez constamment regné pendant toute la révolution.

illustre de ses pontifes ! O MAURY(1)! SADOLET (2)! célèbres Comtadins qui, *des classes inférieures de la société*, fûtes élevés par vos lumières à la pourpre romaine ! Et toi aussi, ô PATRE de MONTALTE, immortel SIXTE-QUINT dont le génie fut développé par l'instruction gratuite que l'on donnait dans ton village ! que diriez-vous si, rappelés à la vie, vous appreniez que le conseil général du département dans lequel trois de vous naquirent, et le quatrième exerça le pouvoir suprême, vient d'émettre le vœu sacrilége de priver les *classes inférieures de la société* de toute espèce d'instruction (3)? « O les ingrats ! ô

---

(1) Le cardinal Maury naquit à Valréas, ville du haut Comtat. Il y a fait beaucoup de bien ; on avait donné son nom à la principale rue. La tranquillité y a constamment regné dans la dernière réaction.

(2) Il fut évêque de Carpentras. Il naquit à *Modène*, en Italie ; il était fils d'un professeur à l'université de Ferrare. Le bien qu'il fit à Carpentras, sa tolérance, son séjour prolongé dans cette ville ont porté le Comtat à le considérer comme un Comtadin. Dans le 16e siècle, son éloquence et ses grandes connaissances le portèrent au cardinalat. M. Boulogne naquit à Avignon; c'est le seul archevêque que le tiers-état de cette ville ait produit. La France connaît ses talens : vivant, j'ai mis *Sadolet* à sa place.

(3) Conseil général du département de Vaucluse.

¶ Le conseil s'élève contre le système qui tend à pro-

« les barbares ! vous écrieriez-vous ; dans quel
« antre du mont *Ventoux* ont-ils donc été nour-
« ris (1) ? par quelle astuce ont-ils usurpé la mis-
« sion qu'ils remplissent ? Qu'ils rentrent à jamais
« dans l'ombre, où le bien public eût exigé qu'ils
« restassent ensevelis, et dont ils voudraient cou-
« vrir la terre, afin que leur nullité et celle de
« leurs semblables pussent demeurer invisibles. »

Et c'est des rives même où siégeait jadis cette
cour d'amour, d'où sortirent nos troubadours,
que part aujourd'hui ce blasphême !

Académiciens de Vaucluse, que faites-vous ?
à quoi consacrez-vous vos séances ? Parlez donc,
et dites à ceux qui, en votre nom, vociférent un
vœu pareil, que nos contrées n'ont été que trop
en proie au vandalisme et aux assassinats, et
remontrez-leur que ces brigands qui ont troublé,
avec du sang humain, ces ondes pures qu'avait
chantées PÉTRARQUE, les *Jourdan*, les *Pounchut*
et leurs atroces complices étaient tous illitérés.

« pager les lumières de l'instruction dans les classes infé-
« rieures de la société. Ce système a des résultats funestes
« pour l'agriculture. »   (*Moniteur du 27 novembre.*)

(1) Le mont Ventoux est une très-haute montagne du
département de Vaucluse ; sa cime est couverte d'une neige
éternelle, ses flancs sont incultes et sauvages. Pétrarque
monta jusqu'au sommet. La description qu'il fait de son
voyage annonce une ame belle, religieuse et sensible.

Hélas ! il ne manquait donc plus, pour comble d'opprobre à ce malheureux département, que de signaler au petit-fils du duc de Bourgogne, à un souverain protecteur, ami lui-même des belles-lettres, l'ignorance, mère de tous les crimes, comme un bienfait public ! Les nobles membres de ce conseil voudraient-ils éviter à leurs descendans la douleur profonde que leur cause l'aspect des plébéiens montés, assis à leur niveau ? Inutile projet ! ceux pour qui Fénélon écrivit ont livré *Télémaque* au peuple.

Ou bien ce conseil général aurait-il voulu dire que si le peuple d'Avignon et du Comtat n'avait pas su lire en 89, ignorant alors ses droits consacrés par des traités anciens, ou par la nature, et révélés par des grands hommes, il n'en eût jamais réclamé l'exercice pour voter son retour au sein de la France ; son ancienne famille ? Mais ce regret mystérieux serait - il agréable au Pontife Souverain qui éteint les bûchers de l'inquisition, et qui rend aux cités leurs lois municipales ?

Aussi, dès qu'il fut permis aux peuples, qui savaient lire, de croire que leur volonté pouvait n'être plus un vain mot, la grande majorité de la petite nation avignonaise ne tarda pas à manifester, non la volonté de rentrer dans les droits qui lui avaient été assurés par la convention de 1251, mais de faire cause commune avec la France, mais de rentrer au sein de la grande famille.

Le 12 de juin 1790, le peuple avignonais déclara le Pape déchu de sa souveraineté, pour avoir violé le pacte en vertu duquel elle lui avait été concédée; et le premier usage qu'il fit de ses droits, fut de voter de demander sa réunion au royaume dont il avait été démembré en 1348. Les armes de France furent arborées sur toutes les portes de la ville, et quatre ambassadeurs furent nommés pour venir, en son nom, demander au roi de France et à l'assemblée constituante la réunion d'Avignon à l'empire dont il n'aurait jamais dû être séparé.

Je sais tout ce que les partisans du gouvernement papal dirent à cette époque contre le vœu du peuple avignonais. Ils ne soutenaient pas qu'il n'avait pas le droit de se choisir un souverain; que le pacte qui lie le chef et les sujets est indissoluble; que le prince ait le droit de violer son serment; que les sujets doivent, sans oser murmurer, rester victimes immobiles et tremblantes de la tyrannie qu'il plairait au chef de l'État d'exercer sur eux; ils professaient au contraire la doctrine opposée, et soutenant en *fait* que la délibération du 12 juin, étant l'effet de la terreur, n'avait pas été libre, elle ne pouvait dès lors être considérée comme le résultat de la volonté du plus grand nombre.

J'étais dans les montagnes du Rouergue à cette époque d'exaltation et de violences réciproques. Je voulais bien que les principes libéraux triomphassent, mais je n'aurais pas voulu que leur triomphe eût coûté une seule larme à l'humanité. Je lançai contre le mur le livre où Jean-Jacques avait écrit : Que plus une nation serait éclairée, plus sa révolution serait sanglante ; et je fus pénétré d'une douleur amère quand j'appris que le vœu de mes compatriotes avait été précédé par des scènes sanglantes ; que quelques paysans, que je ne connaissais pas, avaient été tués, le 10 de juin, par ceux du parti opposé à la réunion, et que le 11, le parti contraire, demeuré maître du champ de bataille, avait abusé de la victoire.

Mais, dans cette circonstance, il est aisé de reconnaître sous lequel des deux drapeaux la majorité des citoyens s'était rangée, et ce n'est que pour cela que je la rappelle.

Le parti papal se composait de presque tous les nobles qui, Français dans le cœur, deux ans avant, ne voulaient pas de la réunion à un État dont les représentans, dans la nuit du 4 août 1789, avaient aboli la noblesse sur la motion d'un Montmorenci.

Il se composait encore de ceux des bourgeois qui formaient le conseil aristocratique de la ville, et qui se voyaient déchus d'un patriciat qui était assez lucratif; il se composait enfin de la majorité des avocats, praticiens et autres qui avaient des places militaires ou civiles près du vice-légat.

Ce parti se trouvait disséminé dans la garde nationale; mais cependant il était venu à bout de s'agglomérer dans quelques compagnies. Il se réunit en entier sous les armes, le 10 de juin, sous le prétexte d'assister à la procession de l'octave de la Fête-Dieu. Au moment convenu, ces messieurs, au nombre d'environ quatre cents, partent au pas de charge, aux cris de *Vive le Pape!* Ils font feu sur les paysans qu'ils rencontrent, s'emparent de la maison commune, de deux pièces de canon qui étaient au devant de la porte, et se dirigent après sur le fort, où le vice-légat les attendait. Le tocsin sonne, on court aux armes; ils sont dissipés et comme absorbés par la foule qui se présente de tout côté, sans que le parti patriote eût brulé une amorce. La masse nationale était donc contre eux!

Le 12 juin, le vice-légat Casoni, depuis cardinal, fut sommé par les magistrats de quitter cette ville où il n'avait plus de juridiction. Il partit publiquement, tranquillement, ce qui n'aurait pas eu lieu si c'eût été la minorité qui eût régné dans la ville; car les minorités sont assassines dans leurs triomphes.

Qu'on remarque que dans cette affaire le parti papiste était préparé, assaillant, tandis que le parti français était sans méfiance et surpris; que le tocsin sonna : or, les minorités ne sonnent pas le tocsin; le tocsin, au contraire, est le coup de la foudre pour les minorités en action.

Si l'on objectait qu'il arrive parfois qu'une minorité intrépide l'emporte dans un combat sur un plus grand nombre, et qu'il en fut ainsi dans cette occasion, outre que les circonstances que j'ai rapportées détruiraient cette fausse assertion, je ferai observer que trois mois auparavant le consulat aristocratique avait été aboli par le peuple, sans combat, et remplacé par une municipalité nommée à l'instar des municipalités de France. Or, le régime constitutionnel français avait été adopté par le peuple, assemblé en sections et au scrutin. Le maire et les officiers municipaux avaient été nommés au scrutin; les officiers de la garde nationale avaient été

4

élus de la même manière , et les magistrats civils, et *les juges de Saint-Pierre*, et les officiers de la garde nationale furent tous choisis parmi les citoyens connus par leur attachement à la France.

Ce qui prouve que les suffrages étaient libres , c'est que le maire fut pris parmi les nobles ; le premier officier municipal avait été second consul , il était donc l'un des anciens patriciens ; le procureur de la commune et son substitut étaient deux avocats. Ce fut pour renverser cette municipalité et rétablir le consulat et la souveraineté absolue du Pape que ses adhérens prirent les armes si malheureusement pour eux, et se firent battre le dix de juin. Donc, antérieurement à cette journée, la grande majorité du peuple avignonais avait spontanément et librement manifesté son attachement à la France ; et son vœu, ultérieurement exprimé , de réunion à cet empire, fut l'effet, sinon de la volonté unanime, du moins, et très-certainement, de la volonté générale de ce même peuple.

Le vœu des Avignonais ne fut accueilli par la France que quinze mois après. Puisqu'il devait l'être, que ne le fût-il à l'époque de son émission, et l'anarchie n'aurait pas tourmenté, dévoré, couvert, d'un long opprobre, la ville infortunée qui m'avait vu naître !

L'assemblée constituante voulait que le Comtat émît le même vœu qu'Avignon ; et les Avignonais, pour devenir français, déclarèrent la guerre au Comtat qui avait formé une assemblée représentative, accepté la constitution française, qui voulait être libre, mais qui ne voulait pas voir établir sur son territoire les impositions, ou être soumis à la domination des Avignonais.

Cette guerre mit la division parmi les Avignonais-français. Les plus sages et la majorité des officiers municipaux voulaient attendre du temps ce que les autres voulaient obtenir de vive force. L'exaltation l'emporta ; la mort de M. *de la Villasse*, gentilhomme du haut Comtat, qui fut assassiné parce qu'il avait manifesté son attachement à la France, fut la cause de l'explosion. On cria dans toutes les rues d'Avignon : *Aux armes et vengeance !* Cette ville pouvait en tout mettre quatre mille hommes sous les armes, c'est-à-dire le cinquième de sa population qui était de vingt mille âmes ; cependant deux mille cinq cents hommes sortirent de la place et marchèrent, sous les drapeaux fleurdelisés, aux couleurs alors de la France, contre l'armée comtadine deux fois plus nombreuse, qui couvrait Carpentras. Ces deux petites armées se rencontrèrent sous les remparts de *Sarrians* : les Comtadins furent complétement défaits.

Si Avignon avait quatre mille citoyens actifs, s'il en sortit deux mille cinq cents en armes, si nonobstant cela, il en resta encore assez dans la ville pour comprimer ceux du parti contraire qui entretenaient des relations secrètes avec leurs amis du Comtat, il est alors incontestablement vrai que la grande majorité des Avignonais était pour la France.

Dans le Comtat, au contraire, un tiers à peu près était pour la France : un tiers pour la liberté et l'indépendance du pays, avec la constitution française, et l'autre tiers était pour le maintien de l'ancien régime. Les deux premiers tiers votaient ensemble quand il s'agissait de réprimer les usurpations de la cour de Rome, et les deux derniers tiers étaient d'accord quand il fallait résister aux Avignonais. Mais le Pape ne voulait rien de tout cela. Le fils de Henri IV et de Louis XIV avait accepté une constitution qui ne lui laissait qu'un veto suspensif ; mais le successeur du *pâtre de Montalle* ne voulait ni de citoyens actifs, ni de garde nationale, ni d'assemblée représentative, ni d'aucune espèce de *veto*.

Les Avignonais, vainqueurs et maîtres de la campagne, convoquèrent une autre assemblée représentative du Comtat, à *Bédarrides*. Ceux des représentans qui étaient pour la France, dans la première qui avait évacué Carpentras après la victoire des Avignonais, s'y rendirent ; ils y furent suivis des libéraux de cette contrée , et cette assemblée vota la réunion à la France.

Il résulte, de ce que je viens de rapporter, que dans l'état souverain d'Avignon la grande majorité était à la France , et que le vœu des Comtadins émis, à cette époque, pouvait être douteux alors ; mais il n'en est pas moins constant que la grande majorité des Comtadins voulait la constitution française, sous la souveraineté modifiée de la cour de Rome, et que la cour de Rome , ne voulant en aucune manière d'une modification dans sa puissance illimitée , avait perdu , par la volonté de la grande majorité des Comtadins , la souveraineté réelle du Comtat. Il est donc douteux que le Comtat eût voulu payer des impositions pour avoir l'honneur d'être français ; mais il n'est pas douteux que deux tiers au moins de ses habitans ne voulussent jouir des effets de la déclaration des droits de l'homme , proclamés par l'assemblée constituante, ce qui revenait au même pour la cour de Rome.

La conséquence qui découle des faits que nous venons de citer , est que les protestations actuelles de Sa Sainteté sont mal fondées, si elle prétend qu'en 1791 sa souveraineté sur Avignon et le Comtat résultait de la volonté de ces deux peuples , et que c'est contre la volonté du plus grand nombre qu'elle la perdit à cette époque.

Il me reste à examiner les *protestations* du Pape, sous le dernier point auquel Sa Sainteté pourrait les rattacher. Je ne puis répondre aux probabilités sur lesquelles elles sont étayées, que par des probabilités contraires , lesquelles établiront que je ne redoute pas l'épreuve que Sa Sainteté pourrait réclamer.

Des Avignonais , après la première restauration, firent une adresse au Saint Père pour lui exprimer le désir qu'il auraient de retourner sous la domination du saint Siége , et ne manquèrent pas de lui faire entendre que la grande majorité du peuple partageait leurs pieux souhaits. Ces mêmes individus en firent une autre dans le même moment pour demander le rétablissement des jésuites. On les présenta à ma signature: les colporteurs reçurent de moi le refus le plus formel, comme français d'abord et comme janséniste ensuite. Je dois prévenir que ces deux adresses ne sortaient pas de la même plume.

Serait-ce sur une assertion pareille que la cour de Rome aurait présenté ses premières protestations au congrès de Vienne?

Je sais que ces mêmes Avignonais ont envoyé, il n'y a pas long-temps encore, deux députés auprès du Pape, porteurs d'une nouvelle adresse dans laquelle ils le suppliaient d'insister pour la restitution d'Avignon et du Comtat. L'un est resté près l'ambassadeur de France, son ancien ami; le second est retourné à Avignon, où il a été nommé grand vicaire de notre évêque, prélat très-instruit et vraiment français, puisqu'il sort de *l'Oratoire*, qu'il est né à *Grenoble*, et qu'il s'appelle *Perrier*. Serait-ce à cette ambassade que nous devons les dernières protestations de la cour de Rome?

Le nombre de ses partisans paraît s'être augmenté dans ces derniers temps de quelques individus de la lie du peuple, qui se sont engraissés de rapines et de sang. Ils craignent le retour au triomphe de la loi, et, pour échapper aux galères et à l'échafaud, ils appellent de toutes leurs forces un gouvernement dont ils se flattent d'obtenir une entière impunité; peut-être même les meneurs poussent-ils la turpitude jusqu'à faire attendre à leurs sicaires, si leurs vœux étaient exaucés, et la faculté de renouveler le pillage et les assassinats , et des récompenses pour ceux qu'ils ont déjà commis.

Mais le Souverain Pontife à qui nous ne pouvons ni devons refuser de l'élévation dans l'ame , voudrait-il de pareils suffrages ?

Les hommes qui avaient été , qui sont encore les agens de Rome , élevés parmi les prêtres italiens qui régnaient jadis chez nous , ont montré le zèle le plus apparent pour la dynastie des Bourbons ; mais ils n'ont pas tardé à mêler la couleur de Rome à leur cocarde blanche , et ont ainsi fini par développer toute leur pensée et le plus vrai de leurs désirs.

J'ai entendu un vieux papiste , en avril 1814 , dire à une de mes voisines qui criait *vive le Roi :* « Ah ! coquine, dans quinze jours « tu ne le crieras plus : *gare les sacs !* » Cette femme , qui est vraiment royaliste , mais qui n'applaudit pas aux excès , me demanda naïvement ce qu'il voulait dire par ces mots : *gare les sacs !* Je ne crus pas devoir le lui expliquer ; si elle lit cet écrit , elle le saura.

La proscription qui plane depuis le mois de juillet 1815 , jusqu'à ce jour, sur les hommes qui ont le plus marqué à Avignon en faveur de la réunion à la France , n'aura pas manqué d'être présentée au Saint Père comme un effet du désir de la majorité de retourner sous son empire.

Ses orateurs annoncent ouvertement que si Avignon et le Comtat rentraient sous sa domination , il n'y aurait , comme jadis , ni impôts fonciers , ni impôts personnels , ni patentes , ni timbre , ni enregistrement , ni droits-réunis , *ni impôt sur les huiles* (1). Il n'est pas étonnant que les gros propriétaires aient été fortement opposés à voir cesser un ordre de choses si agréable.

Ses orateurs attribuent à la réunion à la France tous les malheurs de la révolution , comme si , en supposant que le Comtat n'eût pas été réuni à ce royaume , il eût pu être à l'abri de ses secousses , alors que cette révolution a ébranlé l'univers.

Ils accusent sans cesse les amis de la France d'avoir immolé , dans la nuit affreuse de la glacière , les plus fidèles partisans de la cour de Rome. Eh bien ! que la France , que l'Europe , jusqu'ici abusées par leurs clameurs perfides , apprennent que cet épouvantable assas-

---

(1) Cet impôt est peu productif et il est très-onéreux au cultivateur. Je vote pour qu'il soit aboli par le Roi et les Chambres.

sinat ne tomba que sur des patriotes , que sur des amis des principes libéraux ; qu'il moissonna en entier cette municipalité que les papistes avaient voulu anéantir le dix de juin 1790 ; et que les hommes de ce parti municipal qui échappèrent , comme par miracle , à cet exécrable massacre , n'ont pas varié dans leur attachement à la France, et se trouvent aujourd'hui persécutés par nos papistes.

Ainsi la patrie compte aujourd'hui , parmi les plus nobles défenseurs d'une sage et vraie liberté , ceux de ces hommes qui , siégeant aux Feuillans , ou venus ensuite des rives de la Gironde , furent proscrits néanmoins comme ennemis de cette patrie dont ils voulaient la gloire paisible et le bonheur réel , et qui nous ont été conservés par le génie de la France constitutionnelle.

La plupart des Avignonais que la fuite ou un heureux hasard avait soustraits aux poignards des glaciaristes , dont deux furent portés pendant leur fuite sur la liste des émigrés , ont été proscrits dans la dernière réaction. Leur crime apparent est d'avoir , l'un , été président de la fédération dans les cent jours , les autres , d'en avoir été membres , quand en fait , le premier méritait une couronne civique , pour être parvenu à contenir la fougue des esprits ; quand les autres n'étaient pas à cette époque à Avignon. Mais leur crime réel est d'avoir été attachés à la France, et d'avoir obtenu, à la barre de nos assemblées nationales, d'abord la réunion du Comtat, et bientôt après la formation du département de Vaucluse.

Ce département se compose de quatre arrondissemens ou districts : *Apt* et *Orange*, *Avignon* et *Carpentras*. Ces deux premières villes appartenaient à la France avant la réunion du Comtat.

Orange et *Apt*, administrés par des Français d'origine, n'ont pas vu une seule propriété de leurs citoyens attaquée ; une seule goutte de sang n'a pas été versée dans leurs arrondissemens respectifs pendant la dernière tourmente.

Avignon et *Carpentras* étaient administrés par des Français qui avaient été ultramontains ; à *Carpentras* la réaction a été violente en menaces, en proscriptions, en emprisonnemens ; mais aucune maison n'a été pillée dans son enceinte et le sang d'aucun de ses citoyens n'a rougi ses pavés.

Il n'en a pas été de même dans son arrondissement ; à *Monteu* un père de famille a été assassiné ; mais la justice a fait tomber à *Valence* la tête du meurtrier.

A *Entraigues*, deux maisons ont été pillées et brûlées, et ce crime est resté impuni, malgré les ordres du Roi! Le maire est un Avignonais!

Avignon a présenté pendant trois mois consécutifs le spectacle d'une ville prise d'assaut : pillage des maisons, incendie, assassinats ; toutes ces horreurs marchaient à la fois. Un maréchal de France, illustre et soumis, qui y passait, muni d'un passeport du délégué du monarque, y a été mis à mort d'une manière atroce : le cadavre de ce guerrier a été traîné dans le Rhône. Ses bourreaux se sont vantés, du haut de la fenêtre, devant deux mille personnes, de l'avoir immolé, et tous ces crimes et tous ces forfaits sont restés impoursuivis, malgré les ordres du gouvernement, malgré l'indignation que manifesta hautement Mgr le duc d'Angoulême, contre l'un des plus forcenés des assassins, pour lequel on eut l'impudeur de lui demander grâce, sur la place publique.

Une autre espèce de réaction, plus dangereuse encore, marchait de pair avec la fureur de la lie de la populace. Ma plume ne saurait décrire les horreurs exercées par le concierge des prisons, auquel le hasard a donné le très-juste nom d'un nègre barbare.

Six pères de famille sont tombés sur l'échafaud; et si le Roi , dans sa sagesse et sa justice , n'avait commué la peine de mort déjà prononcée contre plusieurs autres , le sang eût coulé à plus grands flots sous la main du bourreau. Quand l'odieux, l'exécrable esprit de parti frappait l'innocence , il devait absoudre le crime. Le nommé *Magnan* , qui avait tué *Aubenas* et la femme *Tome* sur la place de la commune , en présence de plus de quatre cents personnes , fut acquitté et mis en liberté.

La cour prévôtale est restée étrangère à tous ces événemens. Je lui dois cet hommage qu'elle n'a pas fait verser une seule larme.

Des artisans ont été privés du droit d'exercer leurs professions. Sur onze avoués, sept, intimidés par deux, en ont interdit quatre.

Un jeune avocat , officier de la garde nationale , le même qui était de service le 2 août 1815 , à la porte de *Loule* , a dénoncé deux de ses collègues qui l'avaient honoré de leur bienveillance , et les a fait proscrire.

On est étonné (1) que les assassins du maréchal *Brune* n'aient pas encore été mis en jugement ; mais qui doit les poursuivre ? Le procu-

____

(1) M. Sceffer, dans son ouvrage intitulé : *De la Liberté en France*. Le sixième volume du *Censeur*. Le *Post-scriptum* , etc., etc., etc.

reur du Roi. *Farge* qui tira le premier sur lui et qui le blessa au front , parce que le maréchal lui saisit le poignet et releva son bras au moment où il lâcha sur lui un coup de pistolet qui lui enleva une touffe de cheveux , est mort tout jeune , après cinq jours d'une agonie affreuse; il ne peut donc plus être poursuivi. Un portefaix qui dit à *Farge* : *Ote-toi de devant* , *tu l'as manqué ; mais je ne le manquerai pas moi* , qui lui tira en effet un coup de carabine , et sous lequel le maréchal tomba , traversé de part en part , vit encore ; la main du Dieu vengeur ne s'est pas appesantie sur lui; mais s'il est poursuivi par M. le procureur du Roi , s'il est traduit en jugement , il opposera au procureur du Roi une fin *de non-recevoir* à laquelle il lui serait impossible de répondre ; il opposera à son accusation le procès-verbal que ce magistrat dressa lui-même , ou qu'il signa du moins , et que très-certainement il adressa à M. le procureur général de la cour de Nîmes , et qui constate que le maréchal Brune s'est suicidé. Le procureur du Roi se trouve donc dans l'impossibilité de poursuivre ce meurtre , puisque, d'après lui , il y a eu suicide et non assassinat.

Je sais bien que cette défense ne serait pas sans réplique; mais la réponse à ce moyen d'impunité

m'écarterait trop de mon sujet dans le moment
actuel.

Je reviens aux probabilités : puisque les lois
de France sont mal exécutées, éludées, violées ;
qu'on ne supporte qu'avec aigreur les divers
impôts auxquels on est soumis, la majorité
paraîtrait donc désirer un changement qui remet-
trait la contrée sous la domination pontificale.

Aux clameurs des malfaiteurs impunis, aux
vœux de quelques vieux propriétaires, aux
menées de quelques prêtres, au désir de voir
supprimer les impôts et la conscription, j'oppose
les probabilités suivantes :

Le commerce qui tire sa subsistance de l'agriculture, l'agriculture qui doit son amélioration
à la vivacité du commerce, ont pris, dans les
territoires d'Avignon et du Comtat, une consis-
tance, une activité inconnues sous le gouvernement papal.

Depuis vingt-cinq ans la valeur des terres y a
triplé. Un domaine national qui appartenait aux
Oratoriens, et qui rapportait à peine 1,000 fr.
de rente sous l'ancien régime, divisé en trois
parties, en donne 5,000 aujourd'hui, et deux
de ces portions ont été vendues, sous mes
yeux, l'une 45,000 fr., et l'autre 35,000 fr.

Les terres de nos palus qu'on avait de la peine

à vendre, à la même époque, 200 fr. l'arpent, valent maintenant 2,000 fr. la salmée, mesure de superficie locale, inférieure à celle de l'arpent d'environ un tiers, et ce par suite de l'introduction de la culture de l'*alizari.*

Certes on doit payer non-seulement sans murmure, mais avec plaisir, un impôt, quand la terre, de peu de valeur qu'elle était, devient aussi productive.

Qu'était-ce que le commerce d'Avignon et du Comtat avant la révolution? Dans le *Venaissin* il était nul; à Avignon il n'avait que deux branches, l'*imprimerie* et les *florences.*

L'imprimerie s'alimentait de *contrefaçons :* la source de ce commerce était donc impure. Les *florences* n'occupaient que quatre cents métiers : on y en comptait deux mille cinq cents quand j'en suis sorti en 1815.

Avant la réunion il n'y avait guère qu'une maison qui *fît la commission* à Avignon : on y en comptait plus de trente il y a trois ans.

Le clergé y possédait au moins le quart des propriétés urbaines en superficie, et le huitième des rurales : tous ses biens ont été vendus et disséminés entre une infinité de familles.

Carpentras est aujourd'hui une ville charmante et très-animée par son commerce.

Malgré les troubles de la révolution et les contingens fournis par Avignon dans les recrutemens, la population de cette ville, qui n'était que de 20,000 ames en 1789, se montait, au 1er janvier 1817, à 26,033.

Avignon et le Comtat ont fourni, par la réquisition, au moins dix bataillons; par la conscription, huit mille Avignonais ou Comtadins ont été appelés sous les drapeaux. Il en est beaucoup retourné, et quoiqu'en général on eût marché par force, on finit par regarder comme sa patrie cette France pour laquelle on a versé son sang.

Notre noblesse s'est identifiée avec celle de France; elle reçoit en partie des secours du Roi auquel elle a été fidèle, et se trouve presque en entier sous ses drapeaux : voudrait-elle aujourd'hui l'abandonner pour passer sous la souveraineté d'un prince étranger? Je l'estime assez pour ne pas lui en supposer l'idée.

Beaucoup de citoyens ont vu avec plaisir le retour du Roi. Français dans le principe, mais non républicains dans la suite, quoiqu'ils se fussent déclarés contre les républicains, et que, dans ce sens, ils marchassent avec les papistes, ils sont redevenus *Français* au retour des Bourbons : ceux-là n'ont pas pris part aux horreurs de la réaction, et se sont contentés d'en gémir en secret. Il ne faut pas se figurer que toute la ville ait partagé les fureurs auxquelles des énergumènes se sont livrés pendant trop long-temps. Je le répète, il n'y a que les minorités qui soient assassines, et les pillards, et les voleurs, et les meurtriers inspirent une juste horreur à la généralité des habitans.

Lorsque les journaux de Paris donnèrent la nomenclature des évêchés et archevêchés de la France, ils avaient oublié de mentionner Avignon au rang des villes qui devaient avoir un siége épiscopal. Les papistes étaient rayonnans de joie : ils se réunirent chez un de mes anciens confrères qui a toujours été considéré comme le *grand prêtre* de ces messieurs. Mon ami, car, malgré notre diversité d'opinions, nous avons toujours été liés d'une amitié sincère, parce que nous ne sommes ingrats ni l'un ni l'autre ; mon ami, dis-je, regarda la partie comme gagnée, et annonça à quelques incurables que cette omission confirmait les nouvelles particulières qu'il avait reçues de la capitale du monde chrétien. Il est de fait qu'à cette nouvelle on remarqua une espèce de stupeur dans la ville, et que le lendemain nos journaux ayant rectifié leur omission de la veille, en annonçant qu'il y aurait un siége métropolitain à Avignon, et que M. *de*

Bonneval en était l'archevêque : on aperçut, sur l'immense majorité des visages, une hilarité française.

Quand, au mois de septembre 1814, Mgr le comte d'Artois vint à Avignon, il y fut reçu avec un enthousiasme difficile à décrire. Il y fit son entrée par la porte que le peuple avait appelée Royale en 1790, et traversa d'abord la partie de la cité à laquelle les papistes ont donné le nom du faubourg Saint-Antoine. Il fut sans doute facile à ce prince de reconnaître qu'il était peuplé de Français : les maisons étaient toutes décorées de guirlandes de feuilles et de fleurs, et les citoyens firent, chacun en leur particulier, tous les frais de la fête. Le maire, homme probe et vrai Français, n'eut pas besoin de stimuler leur zèle. La première inscription que Son Altesse put lire, sur la première maison qui se présentait à ses regards, était relative à la satisfaction qu'on éprouvait de voir un prince de la famille à laquelle on se félicitait d'être réuni. Je m'en souviens ; la voici :

> Vive le Roi ! vive sa fille ?
> Vive d'Artois et ses enfans !
> *Vive aussi la grande Famille*,
> Nous en sommes *et pour long-temps.*

Le propriétaire a été proscrit, sa maison ravagée,

et enfin, en absence du maître, on a fini par l'en exproprier. Le jeune poëte qui se réjouissait d'être de *la grande Famille*, et qui avait la témérité de dire qu'il en serait toute sa vie, fut aussi proscrit, et n'est pas encore rentré dans ses foyers.

J'avoue que les impôts sont très-forts ; que celui des droits-réunis surtout est odieux au peuple ; je reconnais qu'il pouvait être agréable à certains imprimeurs d'avoir trouvé tout établi l'usage de *contrefaire* impunément les éditions de tous les bons ouvrages qui s'imprimaient en Europe, et de s'enrichir ainsi au détriment des auteurs et imprimeurs de Paris et de la France entière dont plusieurs se trouvaient alors ruinés.

Mais de bonne foi les Comtadins et les Avignonais pourraient-ils avoir la stupidité de croire que la cour de Rome serait aujourd'hui aussi désireuse de cette contrée qu'elle affecte de l'être dans ses protestations réitérées, si son intérêt personnel ne les inspirait pas ? Elle n'a plus les ressources qu'elle avait jadis ; l'univers n'est plus son tributaire : forcée de vivre de ses domaines, les impôts qu'elle trouverait établis, elle les ferait lever à son profit.

On verrait reparaître ces *vice-légats* triennaux qui, à la vérité, issus des premières familles d'Italie, riches de leurs patrimoines, se conduisaient en général assez bien dans leurs missions ; mais qui arrivaient tous escortés d'une nuée de valets à tonsure, dans la plus profonde misère, et s'en retournaient, trois ans après, tous engraissés de la substance de notre peuple.

Trente juridictions renaîtraient à la fois ; il nous faudrait encore plaider et replaider avant de savoir devant qui nous devrions enfin plaider; et puis reparaîtraient ces appels à Rome qui, en éternisant les procès, finissaient par engloutir la fortune de nos familles.

Les douanes françaises nous cerneraient comme autrefois, et la France saurait bien prendre des moyens pour que ses imprimeurs ne fussent plus dépouillés par les nôtres.

Si, pour 150,000 francs que la France donnait à Rome, elle nous interdisit la culture du tabac qui produisait à nos pères plus encore que celle des garances ne nous produit aujourd'hui, qui répondrait que pour une somme pareille la France, pour réserver à ses agriculteurs la culture de cette racine, n'en obtiendrait pas la prohibition au Comtat ?

Quand les princes ont besoin de la volonté des peuples pour parvenir à leur but, ils leur promettent beaucoup ; mais sont-ils esclaves de leur parole ?

Le Pape ne mit point d'impôt en 1348 , parce qu'il n'en trouva point. Aujourd'hui la transaction de 1251 n'a plus de force, et le cadastre parcellaire est établi.

Et les vengeances ! et les vengeances ! Qui pourrait en arrêter le cours ? On expose les têtes des conspirateurs de la Marche d'Ancône (1)! Avis à ceux des Comtadins et des Avignonais qui conspirèrent pour être Français en 1791.

Toutefois s'il était possible que le gouvernement de la France, méconnaissant le droit inhérent aux prérogatives de sa couronne, oubliant et le traité de Philippe-le-Bel avec Clément V, et la substitution établie en sa faveur par l'aïeul de la reine de Naples , et le décret de réunion , et le traité de Tolentino , et celui plus récent encore de 1814 , adhérait à ce que les peuples d'Avignon et du Comtat fissent connaître par leurs suffrages si le Pape est réellement fondé à faire des protestations , basées sur ce que la majorité de ces deux peuples veut rentrer sous sa domination , je ne m'y oppose point. Que les suffrages soient libres ; que tous les fonctionnaires publics actuels déposent la toge ; que trois commissaires choisis par les grandes puis-

____

(1) *Journal du Commerce* des 10 et 11 janvier 1818.

sances se rendent sur les lieux, accompagnés d'une force armée capable de faire respecter la sûreté de tous, et que le sort de cette contrée soit fixé par la volonté librement manifestée par la majorité absolue des suffrages.

Si nous nous trompons dans notre espoir, nous continuerons à résider en France puisque nous sommes Français; s'il est réalisé par la volonté de l'excessive majorité, les dissidens seront libres de s'en aller à Rome, ou de se soumettre à la France et à ses lois.

Mais il importe essentiellement à la tranquillité de cette contrée que les protestations de la cour de Rome cessent, ou soient franchement réduites à leur juste valeur par une déclaration formelle du gouvernement français. Pourquoi, dans des traités qui doivent être définitifs, fait-on des protestations d'une part, et d'un autre côté, des réserves ? Ou les hautes parties contractantes sont d'accord, ou elles ne le sont pas. Si elles le sont, il n'est besoin ni de protestations, ni de réserves; si elles ne le sont pas, pourquoi faire un traité dans lequel chacune des parties peut trouver, le lendemain de la signature, un prétexte écrit de rupture ?

Tant que le Roi de France souffrira que le Pape fasse des protestations contre la réunion d'Avignon et du Comtat à son royaume, le parti papiste les regardera comme une pierre d'attente au retour au saint Siége. Une sorte d'inquiétude occupera tous les esprits. Les lois seront froidement exécutées par les uns, et violées autant que possible par les autres, et cet état d'anxiété paralisera la volonté du gouvernement, effraiera le commerce, perpétuera les haines, et fera le malheur de la contrée.

Je ne me sens pas la force de combattre la cour de Rome dans les *fins subsidiaires* qu'elle a ajoutées à ses protestations. Elle réclame des indemnités, dans le cas où le *duché d'Avignon* ne serait point restitué au *patrimoine des Apôtres*. Cependant il ne lui est rien dû à cet égard, d'après le traité de *Tolentino*. Mais son sacré Collége et lui ont beaucoup souffert d'une ingratitude qui ne doit pas étonner ceux qui connaissent l'histoire. La France a bien souffert aussi ! Il n'est guères possible à ses princes et à son peuple d'ajouter encore aux sommes énormes qui, chaque année, sortent de ses frontières. Toujours grande, quoi qu'en dise le fils dégénéré de *Stanhope*, il ne lui est pas permis d'être toujours généreuse ; mais un jour viendra où, remise de son épuisement, il lui sera permis d'être libérale.

FIN.